달

지구의 하나뿐인 위성

최영준 지음

열린어린이

달, 달, 무슨 달
쟁반 같이 둥근 달
어디 어디 떴나
남산 위에 떴지.

해가 졌어요.
둥근 보름달이 떴어요.

남산 위의 보름달 어두워진 밤하늘에 보름달이 둥실 떠올랐습니다. 서울 서대문구에 있는 안산의 봉수대에서 바라본 풍경입니다. 음력 15일, 밤 아홉 시 무렵입니다. 달 아래에 뾰족한 탑이 보입니다. 흔히 남산이라 불리는 목멱산 정상에 세워진 N서울타워입니다.

달의 앞면 달은 공전과 자전 주기가 똑같아서 지구에서는 늘 달의 한 면만 볼 수 있습니다. 지구에서 보면 달의 앞면에 있는 밝은 부분과 어두운 부분이 무늬처럼 보입니다. 사람들은 달의 무늬를 보고 방아 찧는 토끼, 사람의 얼굴, 게 등 다양한 모양을 상상했습니다.

밤하늘에서 달은 가장 크고 밝게 보입니다. 달이 이렇게 크게 보이는 것은 지구와 가까이 있기 때문입니다. 지구를 30개 늘어놓으면 달까지의 거리가 됩니다. 달은 우주에서 지구와 가장 가까운 천체입니다. 그래서 달을 '지구의 이웃'이라고 부릅니다.

달은 하나뿐인 지구의 위성입니다. 달은 약 27일 동안 지구의 주위를 한 바퀴 돕니다. 달이 지구를 돌 때, 늘 달의 같은 면이 지구를 향해 있습니다. 지구에서 볼 수 있는 부분을 달의 앞면이라고 합니다. 지구에서 볼 수 없는 부분은 달의 뒷면으로 부릅니다.

행성과 위성은 무엇일까요?

행성은 별 주위를 돌고 위성은 행성의 주위를 돌고 있습니다. 태양은 별이고 지구는 행성이고 달은 위성입니다. 태양계의 다른 행성들도 위성을 가지고 있습니다. 화성은 두 개의 위성을 가지고 있습니다. 목성과 토성의 위성 수는 60개가 넘습니다. 천왕성과 해왕성도 10개 이상의 위성을 갖고 있습니다.

빛나는 달과 지구   달과 지구는 스스로 빛을 내지 못합니다. 태양의 빛을 반사하여 빛을 내지요. 지구에서 보면 달의 모양이 변하듯이, 달에서 보면 지구의 모양도 달처럼 차고 기울어지기를 반복합니다.
달의 모양 변화는 지구의 북반구와 남반구에서 다르게 보입니다. 북반구에서는 달이 오른쪽부터 왼쪽으로 점점 차오릅니다. 상현달은 오른쪽이 불룩한 반원이 됩니다. 남반구에서는 달이 왼쪽부터 오른쪽으로 점점 차오르는 것을 볼 수 있습니다. 남반구에서 상현달은 왼쪽이 불룩한 반원 모양이 됩니다.

달은 스스로 빛을 내지 못합니다. 태양의 빛을 반사하여 빛나는 것입니다. 태양이 없다면 달도 빛나지 않습니다.

밤하늘에 뜬 달의 모양은 조각달, 반달, 보름달로 바뀝니다. 실제로 달은 둥근 공 모양을 하고 있고 이 모양은 바뀌지 않습니다. 다만 달이 지구 주위를 돌기 때문에 달의 위치는 늘 바뀌고, 이 위치에 따라 달이 태양의 빛을 반사하는 부분이 계속 달라질 뿐입니다. 그래서 지구에서는 날마다 다른 모양의 달을 보게 됩니다.

태양과 지구와 달의 위치에 따라 달의 빛나는 부분이 달라집니다. 태양과 지구와 달이 나란히 있을 때, 달이 태양빛을 반사하는 부분을 모두 볼 수 있습니다. 이때 달은 가장 밝고 가장 크게 밤하늘에 뜹니다. 보름달입니다. 태양을 향하여 지구와 달이 옆으로 나란히 있으면, 반달 모양의 상현달이나 하현달이 뜹니다. 태양과 지구 사이에서 달이 비껴나 있으면, 초승달과 그믐달을 볼 수 있습니다. 태양과 달과 지구가 나란히 있으면, 달이 태양빛을 반사하는 부분을 지구에서는 볼 수 없습니다. 이때를 삭이라고 합니다.

월식은 무엇일까요?

월식은 지구의 그림자가 달을 가리는 현상입니다. 태양과 지구와 달이 나란히 직선을 이루는 보름이면 월식이 일어날 수 있습니다. 한편, 태양과 달과 지구가 나란히 있는 삭에는 달이 태양을 가릴 수 있습니다. 이것을 일식이라고 합니다. 달은 태양보다 훨씬 작지만 태양보다 지구에 훨씬 가까워서 지구에서 본 달과 태양의 크기는 같습니다. 월식과 일식이 보름이나 삭마다 일어나지는 않습니다. 태양과 지구와 달이 식을 일으킬 정도로 일직선을 이루지 않기 때문입니다.

태양과 지구와 달 지구와 달이 공전과 자전을 하고 태양의 빛을 반사하며 낮과 밤, 일식과 월식, 달의 위상 변화 같은 천문 현상이 일어납니다. 실제 달의 색깔은 회색에 가깝지만 지구의 대기 중에 빛이 산란되어 노란색이나 주황색으로 보이기도 합니다. 북반구에서 보이는 달의 모양입니다.

상현달 음력 8일 무렵

초승달 음력 5일 무렵

삭 음력 1일 무렵

약 한 달을 주기로 달의 모양은 초승달에서 보름달로 커지고 다시 눈썹 같이 가느다란 그믐달로 작아집니다.

매월 음력 1일은 달이 뜨지 않습니다. 삭입니다. 며칠 뒤, 밤하늘에 가느다란 초승달이 나타납니다. 음력 8일이면 달의 절반이 차오릅니다. 상현달입니다. 음력 15일에는 둥근 보름달이 떠오릅니다. 음력 22일에는 달의 오른쪽 절반인 하현달이 뜹니다. 음력 25일에는 그믐달이 나타납니다.

보름달 음력 15일

하현달 음력 22일 무렵

그믐달 음력 25일 무렵

음력 29일이면 달은 지구와 태양 사이에 놓입니다. 그러면 달은 보이지 않습니다. 또 다른 삭이 돌아온 것입니다. 이날부터 달은 새로운 주기를 반복합니다.

음력 날짜를 알면 달의 변화를 알 수 있어요!
음력은 달의 주기를 기준으로 하고 양력은 태양의 주기를 기준으로 합니다. 옛사람들은 달의 위상 변화로 날짜를 헤아렸습니다. 요즘 달력에서 보통 양력 날짜는 큰 글씨로 표시하고 음력 날짜는 작은 글씨로 표시합니다. 음력으로 매달 같은 날에는 비슷한 모양의 달이 뜹니다.

동

밤 9시 무렵

저녁 6~7시 무렵

　달은 동쪽에서 떠서 서쪽으로 집니다. 이것은 지구가 자전하기 때문입니다. 지구는 하루 동안 서쪽에서 동쪽으로 한 바퀴를 돕니다. 이에 따라 달은 동쪽에서 서쪽으로 움직이는 것처럼 보입니다. 동쪽에서 떠오르고 남쪽 하늘에서 가장 높이 뜨며 서쪽으로 지지요.
　달이 뜨는 시각은 매일 50분씩 늦어집니다.

남　　　　　　　　　　　　　　　서

밤 12시 무렵

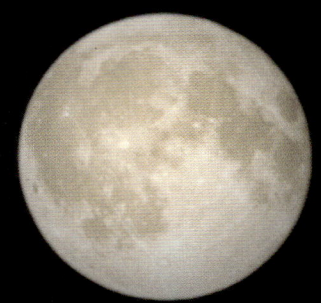
새벽 3시 무렵

새벽 6시 무렵

　해가 지고 난 뒤, 달이 떠 있는 위치도 다릅니다. 여러 날 동안 저녁 7시 무렵 달의 위치를 살펴보면, 초승달은 서쪽에 떠 있고 상현달은 남쪽 하늘에 높게 떠 있습니다. 보름달은 동쪽 하늘에 떠 있습니다.

하룻밤 동안 보름달의 움직임 저녁 6시 무렵 보름달이 동쪽에서 떠오릅니다. 약 6시간이 지난 자정 무렵이면 보름달이 남쪽 하늘에 떠 있습니다. 보름달이 가장 높이 떠 있을 때입니다. 약 6시간이 지나면 보름달은 서쪽으로 집니다.

고요한 달 아폴로 17호의 선장 유진 서넌이 찍은 여러 장의 사진을 보는 것으로 달의 풍경을 보여 줍니다. 앞쪽 먼 곳에 산과 언덕이 솟아 있습니다. 바위 옆에 있는 우주 비행사는 해리슨 슈미트입니다.
아폴로 17호는 1972년 12월 달에 착륙했고 3일 동안 머물며 탐사 활동을 펼쳤습니다. 두 명의 우주 비행사는 달에 착륙하여 탐사 활동을 펼치고 한 명의 우주 비행사는 우주선을 타고 달을 돌며 달의 여러 지형을 찍었습니다.

달은 사람이 처음으로 탐사한 천체입니다. 지금까지 지구 외에 사람이 발을 디딘 천체는 오직 한 곳, 바로 달입니다.

1969년 7월, 미국의 아폴로 11호가 달에 도착했습니다. 달은 지구와는 무척 달랐습니다. 달에는 공기가 없습니다. 바람도 불지 않고 비도 오지 않습니다. 달에서는 그 어떤 소리도 들을 수 없습니다. 소리가 전달되려면 공기가 있어야 하기 때문입니다. 또 달에서 보는 하늘은 지구의 밤하늘 같습니다. 언제나 까맣고 별들이 빛나고 있습니다.

달에서 태양이 비치는 곳과 태양이 비치지 않는 곳의 온도는 매우 다릅니다. 태양이 비치는 곳의 온도는 물이 끓는 온도보다 높습니다. 반대로 태양이 비치지 않는 곳의 온도는 지구의 남극 온도보다 더 낮습니다. 달에서 낮과 밤의 온도 차이는 200도 이상 되지요. 달에는 대기가 없기 때문에 태양의 뜨거운 열과 우주의 혹독한 추위를 피할 수 없습니다. 그래서 우주 비행사들은 꼭 우주복을 입어 자신을 보호해야 합니다.

태양의 빛과 우주 비행사 1969년 11월 달에 착륙한 아폴로 12호의 우주 비행사가 장비를 옮기고 있습니다. 사진 왼쪽에는 태양의 빛이 사방으로 강렬하게 비치고 있습니다. 우주복은 산소공급장치, 체온조절장치 같은 장치를 갖추고 있어 극심한 온도 변화와 우주 환경으로부터 우주 비행사를 보호합니다.

달에서 걷기 아폴로 16호의 우주 비행사가 플럼 크레이터에서 남쪽으로 걸어가고 있습니다. 아폴로 16호는 1972년 4월 달에 착륙했습니다. 3일 동안 달에 머물며 달의 고원을 탐사하고 많은 월석을 가져왔습니다. 그중에는 11킬로그램이나 되는 무거운 암석도 있었는데 이것은 달에서 가져온 암석 중 가장 큽니다.

달에서 우주 비행사들이 걸어 다니는 모습을 본 적이 있나요?

달에서 걸으려면 토끼처럼 폴짝폴짝 뛰어 다니는 것이 제일 좋답니다. 달에서 우리의 몸무게는 훨씬 가벼워집니다. 달의 중력이 지구의 중력보다 약하기 때문입니다. 달에서 잰 몸무게는 지구에서 잰 몸무게의 6분의 1 정도입니다. 그래서 지구에 있을 때보다 훨씬 가볍게 걸을 수 있습니다. 발을 살짝만 굴러도 높이 뛰어오를 수 있지요. 그리고 무거운 우주복을 입어도 무겁게 느껴지지 않습니다.

달이 지구의 바닷물을 끌어당겨요!

달의 중력은 지구에 영향을 줍니다. 달의 중력이 지구의 바닷물을 끌어당겨서 밀물과 썰물이 생깁니다. 달과 지구가 마주 보는 곳과 그 반대쪽은 밀물이 됩니다. 바닷물이 바닷가로 밀려들어오지요. 밀물이 아닌 지역은 바닷물이 바다 쪽으로 빠지는 썰물이 됩니다. 달이 태양과 직선을 이루는 보름이나 삭에는 달과 태양의 중력이 더해져서 바닷물을 끌어당깁니다. 그래서 밀물과 썰물의 차가 매우 커집니다.

달의 표면에는 고원, 바다, 크레이터, 산, 골짜기 같은 다양한 지형이 있습니다.

고원은 높은 곳입니다. 지구에서 보면 하얗고 밝게 빛이 납니다. 달의 고원에는 산과 골짜기, 그리고 크레이터라고 하는 구덩이들이 있습니다. 크레이터는 우주를 떠돌던 크고 작은 운석들이 달에 부딪치며 만들어졌습니다.

바다는 낮은 곳입니다. 달의 바다는 고원에 비해 어둡습니다. 달의 바다에는 지구의 바다처럼 물이 채워져 있지 않습니다. 달의 바다에는 용암이 검게 굳어 있습니다.

왜 물이 없는데도 바다라고 부를까요?
17세기의 천문학자들이 달을 관찰하는데 지구의 바다처럼 어둡고 평평한 곳이 보였습니다. 천문학자들은 이곳을 바다라고 불렀습니다. 그리고 '비의 바다' '폭풍의 대양' '맑음의 바다'와 같은 멋진 이름을 붙여 주었습니다.

바다와 크레이터로 가득한 달 달의 북극 방향에서 바라본 달의 모습입니다. 달의 바다에는 용암이 채워져 검게 보입니다. 오른쪽 가운데에 있는 훔볼트 분지는 지름이 650킬로미터입니다. 분지 안에 검은 지역은 훔볼트의 바다입니다. 이 사진은 1992년 12월 갈릴레오호가 찍은 여러 장의 사진을 모아 만들어졌습니다.

플라톤 크레이터

비의 바다

맑음의 바다

훔볼트 분지

고요의 바다

위난의 바다

가장자리의 바다

스미스의 바다

달의 표면에는 많은 크레이터가 있습니다. 크레이터는 둥그란 고리 모양입니다. 안쪽은 사발처럼 패여 있고 바깥쪽은 벽처럼 솟아올라 있습니다. 커다란 크레이터의 안에는 산이 솟아 있는 경우가 많습니다.

달에는 비와 바람 같은 날씨 현상이 없기 때문에 크레이터의 모양이 잘 남아 있습니다. 지구에도 운석들이 많이 충돌했습니다. 그러나 지구의 크레이터는 지질 활동과 비바람의 영향으로 천천히 변해 왔습니다.

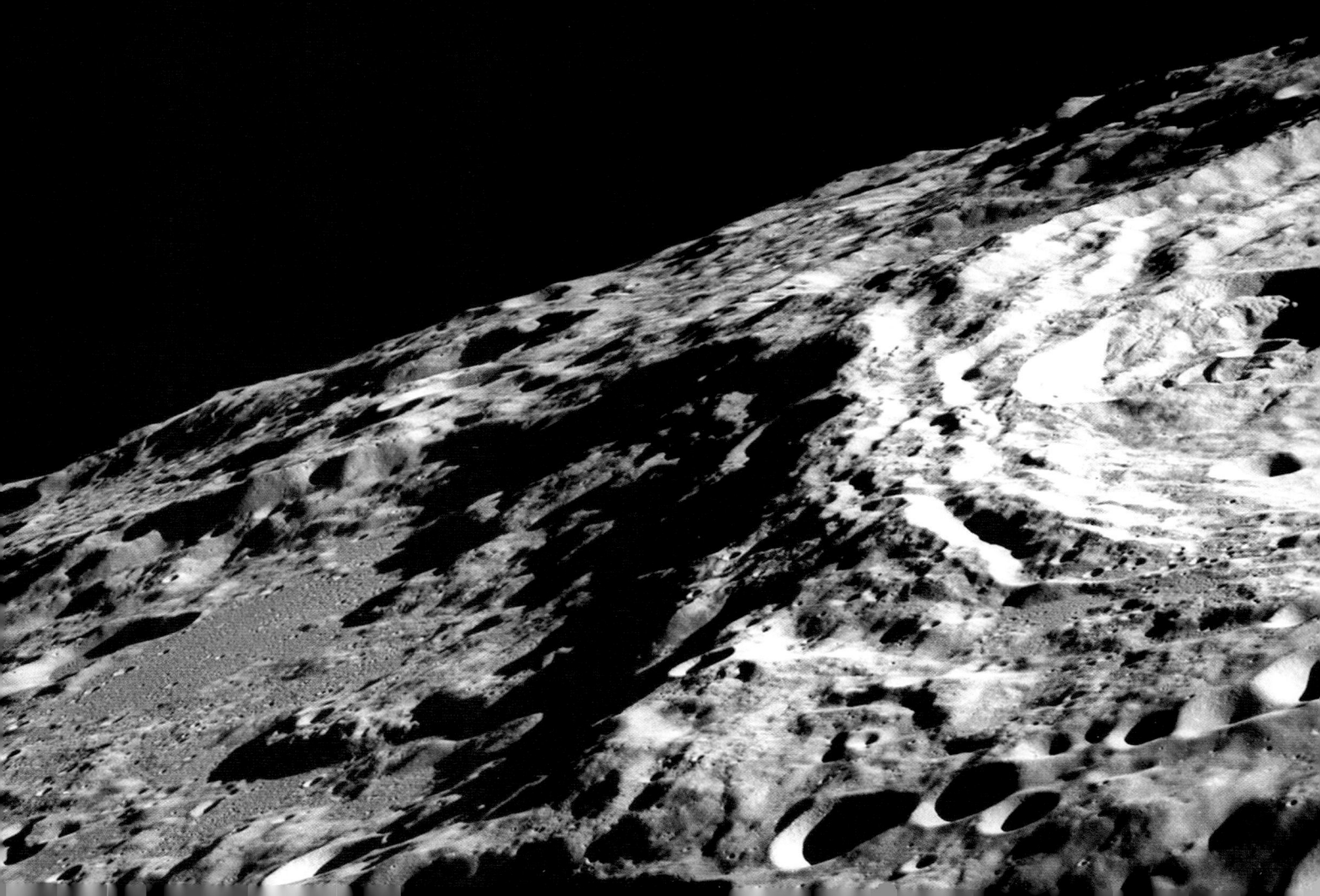

달의 크레이터 크레이터302 또는 킬러 크레이터라고 이름 붙여진 이 크레이터는 달의 뒷면에 있습니다. 지름은 160킬로미터입니다. 크레이터302의 내부 벽은 계단처럼 층이 졌고 가운데는 뾰족한 봉우리가 솟아 있습니다. 크레이터 안에는 또 하나의 작은 크레이터가 있습니다. 플란테 크레이터라고 합니다. 아폴로 10호의 우주 비행사가 1969년에 찍은 사진입니다.

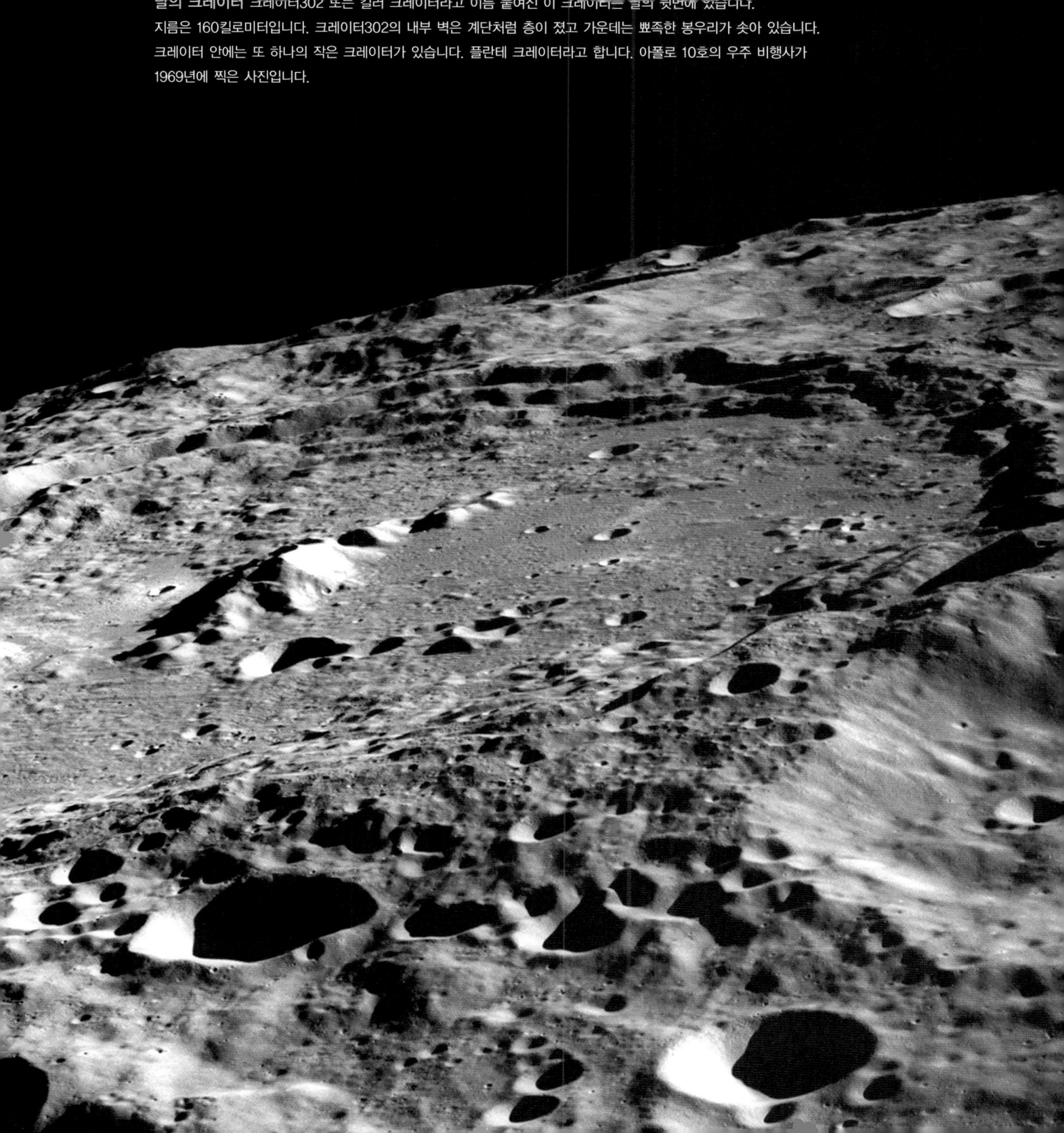

달의 바다는 어떻게 만들어졌을까요?

아주 오래 전, 달에 수많은 운석들이 떨어지며 크고 작은 크레이터들이 생겼습니다. 그 뒤에 달의 내부에서 용암이 흘러나오기 시작했습니다. 용암은 넓게 흘러내리며 커다란 크레이터를 채웠습니다. 시간이 지나자 크레이터 안의 용암은 평평해졌고 굳기 시작했습니다. 단단하게 굳은 용암은 어두운 색을 띠었습니다. 지구의 바다처럼 어둡고 평평한 곳이 되었지요. 이곳을 달의 바다라고 부릅니다. 용암이 흘러내리며 달의 바다에 운석이 떨어진 흔적을 지웠습니다. 그러나 용암이 흘러내리지 않은 달의 고원에는 아주 오래 전에 작은 운석이 떨어진 흔적까지 그대로 남아 있습니다.

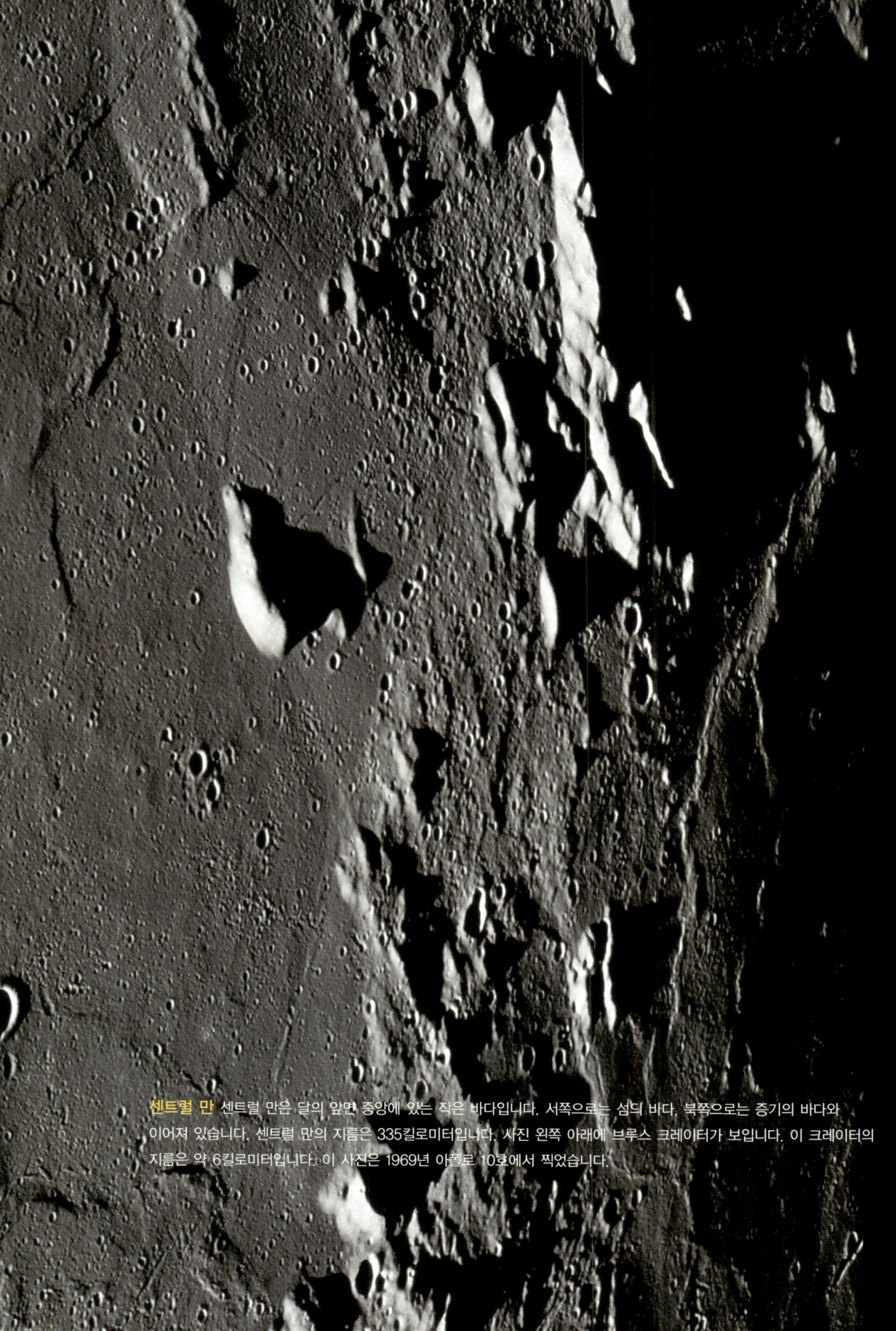

센트럴 만 센트럴 만은 달의 앞면 중앙에 있는 작은 바다입니다. 서쪽으로는 섬의 바다, 북쪽으로는 증기의 바다와 이어져 있습니다. 센트럴 만의 지름은 335킬로미터입니다. 사진 왼쪽 아래에 브루스 크레이터가 보입니다. 이 크레이터의 지름은 약 6킬로미터입니다. 이 사진은 1969년 아폴로 10호에서 찍었습니다.

아폴로호의 우주 비행사들은 달에서 많은 암석을 가져왔습니다. 과학자들은 달의 암석이 지구의 암석보다 오래되었다는 것을 알아냈습니다. 달은 지구와 비슷한 시기에 생겼지만 지구처럼 날씨나 지질 활동에 영향을 받지 않았기 때문입니다.

달의 암석과 지구 암석의 성분은 비슷합니다. 그러나 달의 암석에는 물이 전혀 없었습니다. 이것은 달에 아무것도 살고 있지 않다는 것을 뜻합니다. 물이 없으면 어떤 생물도 살 수 없기 때문입니다.

달은 지구의 가장 가까운 이웃이지만 지구처럼 생물이 살 수 있는 곳이 아닙니다. 달에서는 작은 생물이 산 흔적도 찾을 수 없었습니다.

달에는 정말 물이 없을까요?

지금까지 달의 암석에서는 물기를 찾지 못했습니다. 그렇다고 달에 물이 전혀 없다고 단정할 수는 없습니다. 2009년 10월, 달 탐사선 엘크로스는 달의 남극에 로켓을 충돌시켰습니다. 달에서 떨어져 나온 물질들을 조사하여 달에 물이 있는지 없는지 알아보는 실험이었는데, 이때 얼어붙은 물 입자가 발견되었습니다.

달의 토양 채취 아폴로 15호의 우주 비행사가 장비를 이용하여 달의 토양을 채취하고 있습니다. 달에서 많은 암석과 토양을 가져와 달의 생성 시기와 달 지형의 형성 원인을 알아낼 수 있었습니다. 이밖에도 여러 장비를 사용하여 다양한 실험을 했습니다. 레이저 반사기 실험을 통해 지구와 달의 거리를 측정했으며 달의 내부 구조를 알아내려 지진계를 설치했습니다.

사람들은 달에 대해 많은 것을 알게 되었습니다. 이제 사람들은 달에 기지를 세우고 보다 오래 머물 계획을 하고 있습니다. 달에 기지를 세우면 지구와 달에 대해 더 많이 알 수 있습니다. 달에서 다른 행성을 탐사하기 위한 기술을 개발하고 시험할 수도 있지요. 또 달의 자원을 이용할 수도 있습니다. 많은 과학자들이 이런 일들을 할 수 있게 하기 위해 애쓰고 있습니다. 앞으로 우리는 달에서 더 많은 일들을 할 수 있게 될 것입니다.

작지만 큰 발걸음 1969년 7월 20일, 달의 고요의 바다에 아폴로 11호가 착륙했습니다. 아폴로 11호에는 닐 암스트롱, 버즈 알드린, 마이클 콜린스가 타고 있었습니다. 닐 암스트롱이 아폴로 11호에서 가장 먼저 내려와 달 표면에 인류의 첫 발을 딛었습니다. 닐 암스트롱은 "한 사람에게는 작은 걸음이지만 인류에게는 큰 도약이다."라고 말했습니다. 달에는 아폴로 11호, 12호, 14호, 15호, 16호, 17호가 보내졌고 모두 열두 명의 우주 비행사가 달에 착륙하여 탐사 활동을 펼쳤습니다. 달에는 날씨 현상이 없기 때문에 달 표면의 고운 먼지조차 날리지 않습니다. 아폴로 호의 우주 비행사가 달 표면에 남겨 둔 발자국은 여러분이 가서 지우기 전까지는 영원히 지워지지 않을 것입니다.

| 자세히 읽는 달 이야기 |

달 지구의 하나뿐인 위성

달은 지구의 하나뿐인 자연 위성입니다. 위성은 행성의 주위를 도는 천체를 말합니다. 달은 지구에서 가장 가까운 천체입니다. 달은 태양빛을 반사하여 빛을 냅니다. 달은 지구와 가까운 천체지만 환경은 지구와 매우 다릅니다. 달에는 비도 오지 않고 바람도 불지 않습니다. 달에는 공기가 없습니다. 달에서는 어떤 생물도 발견되지 않았습니다.

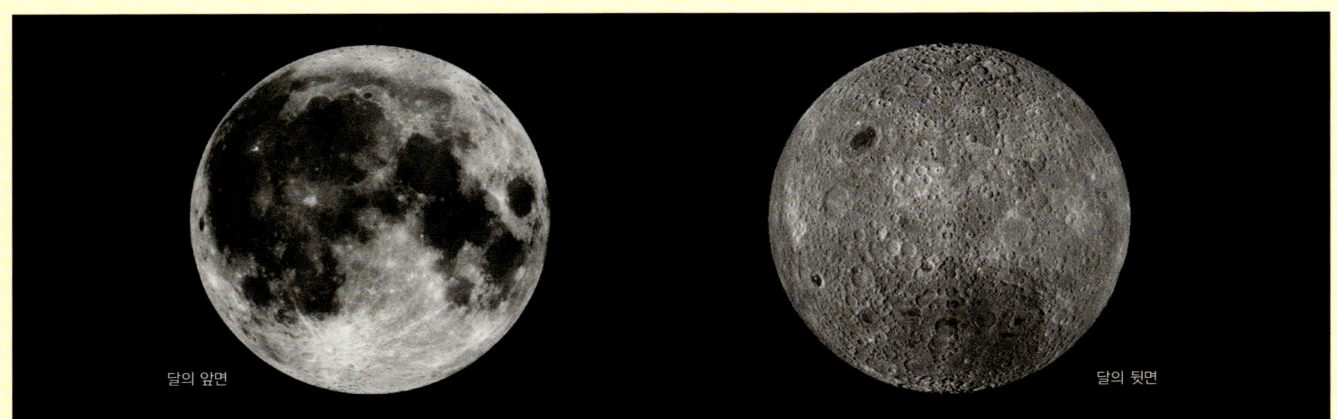

달의 앞면   달의 뒷면

달의 앞면과 달의 뒷면 지구에서 볼 수 있는 쪽을 달의 앞면, 지구에서 볼 수 없는 쪽을 달의 뒷면이라고 합니다. 달은 바다, 산맥, 분지와 수많은 크레이터로 덮여 있습니다. 달의 뒷면에 특별한 지형은 없지만 앞면보다 크레이터가 많고 바다는 적으며 높낮이의 변화가 심합니다.

달, 지구의 위성

달은 태양계의 모든 위성들 중에서 네 번째로 큽니다. 달은 지구에서 가장 가까운 천체로 지구와 38만 4400킬로미터 떨어져 있습니다. 달은 둥근 공 모양을 하고 있습니다. 달의 지름은 3476킬로미터로 지구 지름의 약 4분의 1입니다. 달의 질량은 지구 질량의 81분의 1입니다. 질량이 작으면 중력도 작습니다. 달 표면에서 중력은 지구 중력의 6분의 1이 됩니다. 달의 중력은 작지만 지구와 가깝기 때문에 바닷물을 끌어당겨 밀물과 썰물 현상을 만듭니다.

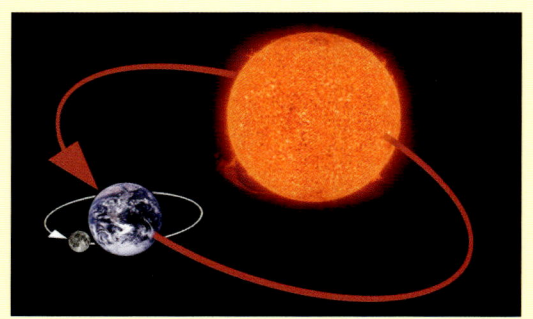

태양과 지구와 달 별 태양의 주위를 행성 지구가 돌고 지구의 주위를 위성 달이 돕니다. 세 천체는 다양한 천문 현상을 만들어 냅니다.

달의 공전과 자전

만약 지구가 고정되어 있다면 달이 지구 주위를 정확하게 한 바퀴 도는 데 걸리는 시간이 27.32일이 됩니다. 이를 항성월이라 합니다. 그러나 지구에서 봤을 때, 이번 보름달부터 다음 보름달을 보기까지 29.53일이 걸립니다. 달이 지구 주위를 한 바퀴 도는 동안 지구도 태양의 주위를 한 바퀴 돌기 때문입니다. 이를 삭망월이라 합니다. 음력은 삭망월을 기준으로 합니다. 달의 자전 시간은 달의 항성월과 똑같이 27.32일이 걸립니다. 그래서 달에서는 낮과 밤이 2주씩 계속됩니다.

달의 위상 변화

지구에서 볼 때, 달이 태양빛을 반사하는 곳이 달라지기 때문에 달의 모양이 변하는 것처럼 보입니다. 달이 뜨는 시각은 매일 조금씩 다릅니다. 초승달과 상현달은 낮에 뜹니다. 그러나 낮에 뜨는 달은 태양의 빛이 밝아서 보이지 않습니다. 매일 같은 시각에 달이 떠 있는 위치도 다릅니다. 여러 날 동안 달의 위치는 서쪽에서 동쪽으로 이동합니다. 초승달은 서쪽에 떠 있다 바로 지고, 상현달은 남쪽에 떠 있으며, 보름달은 동쪽에서 떠서 하룻밤 내내 하늘에 있습니다. 보름달이 지고 난 뒤에는 달이 점점 늦게 떠서 저녁에는 보이지 않습니다.

달의 위상(날짜) \ 시각	07	08	09	10	11	12	13	14	15	16	17	18	19	20	21	22	23	00	01	02	03	04	05	06
초승달(음력 5일)			🌒			🌒			🌒				🌒			🌒								
상현달(음력 8일)					🌓			🌓				🌓				🌓								
보름달(음력 15일)												🌕			🌕			🌕			🌕			
하현달(음력 22일)					🌗													🌗		🌗		🌗		
그믐달(음력 25일)		🌘		🌘		🌘																		🌘

초승달은 오전 9시에 떠서 오후 3시에 가장 높이 뜨며 밤 11시에 집니다. 낮에는 태양이 밝아 볼 수 없고 태양이 지고 난 저녁에야 서쪽 하늘에서 지고 있는 초승달을 볼 수 있습니다.

상현달은 오전 11시에 떠서 오후 6시에 가장 높이 뜨며 새벽 1시에 집니다. 오후 6시에 남쪽 하늘 높은 곳에 있는 상현달을 볼 수 있습니다.

보름달은 오후 6시에 떠서 밤 12시에 가장 높이 뜨며 아침 6시에 집니다. 오후 6시에 동쪽 하늘에서 보름달을 볼 수 있습니다.

하현달은 밤 12시에 떠서 새벽 6시에 가장 높이 뜨며 오전 10시에 집니다. 하현달은 밤늦게 뜨기 때문에 오후 6시에는 볼 수 없습니다.

그믐달은 새벽 3시에 떠서 아침 8시에 가장 높이 뜨며 오후 1시에 집니다. 낮에는 밝은 태양빛 때문에 달을 볼 수 없지만 이른 아침에는 하얀 새벽달이 보이기도 합니다.

달의 위상 변화와 달이 뜨고 지는 시각 달은 동쪽에서 떠서 서쪽으로 집니다. 그러나 매일 달이 뜨고 지는 시각은 다릅니다. 그래서 달을 볼 수 있는 시각과 하늘에 떠 있는 달의 위치가 달라집니다. 동쪽에서 떠오른 달은 남쪽 하늘에 가장 높이 떠 있다가 서쪽으로 집니다.

달과 지구의 환경 비교

달에는 공기도 없고 물도 없습니다. 달 표면의 온도는 낮(태양이 비추는 곳)과 밤(태양이 비추지 않는 곳)의 차이가 매우 큽니다. 달의 표면은 바다와 고원, 크레이터로 이루어져 있습니다. 그리고 암석 조각과 먼지가 달의 여러 지형들을 덮고 있습니다. 우리가 살고 있는 지구는 어떨까요? 지구에는 공기와 물이 있습니다. 지구는 공기층인 대기에 둘러싸여 있어서 태양열을 추운 곳으로 퍼뜨립니다. 그래서 낮과 밤의 온도 차이가 달처럼 크지 않습니다. 지구에도 바다와 고원이 있지만 달과는 매우 다릅니다. 바다에는 물이 가득합니다. 고원과 산에는 다양한 생물들이 살고 있습니다. 또 비가 내리고 바람이 불고 물이 흐르며 지구의 표면을 끊임없이 변화시킵니다.

월석 아폴로 11호가 달에서 가져온 월석입니다.

달 탐사

1969년 7월, 아폴로 11호의 우주 비행사들이 달에 처음으로 착륙했습니다. 이때부터 1972년 12월까지 아폴로 계획에 따라 아폴로호의 우주 비행사들은 여섯 번에 걸쳐 달을 탐사했습니다. 이들은 달 탐사를 통해 382킬로그램의 달 암석을 지구에 가져왔습니다. 그리고 지진계를 비롯한 여러 관측장비를 달에 설치하여 약 7년 동안 달을 관측했습니다. 과학자들은 월석을 조사하고 여러 관측 자료를 통해 달의 생성, 생물의 존재, 달의 내부 구조 등을 연구했습니다.

월면차 아폴로 17호의 선장 유진 서난이 달 표면에서 월면차를 몰고 있습니다. 아폴로 15호, 16호, 17호의 우주 비행사들은 달에서 월면차를 사용하여 더 쉽게 이동하고 더 많은 월석을 채취할 수 있었습니다.

최영준

아폴로 11호가 달에 처음 착륙하던 1969년에 대구에서 태어났습니다. 달과 별을 친구 삼아 경북대학교와 이스라엘 텔아비브 대학에서 천문학 공부를 하고, 미국 NASA 제트추진연구소에서 근무했습니다. 지금은 대전의 한국천문연구원에서 소행성, 혜성, 달과 같은 우리 태양계의 작은 천체들을 연구하고 있습니다.

사진 저작권과 사진 출처

이 책을 만드는 데 필요한 사진을 제공해 주신 모든 단체와 개인들에게 감사드립니다.

2-3쪽 김주현; 4-5쪽 Lick Observatory; 6-7쪽 Openkid; 8-9쪽 Openkid; 10-11쪽 Openkid; 12-13쪽 Openkid; 14-15쪽 NASA/Johnson Space Center; 16-17쪽 NASA; 18-19쪽 Image Science & Analysis Laboratory, NASA/Johnson Space Center; 20-21쪽 NASA/JPL; 22-23쪽 NASA/Apollo; 24-25쪽 NASA/Apollo; 26-27쪽 NASA/Apollo; 28-29쪽 NASA; 30-31쪽 달의 앞면 NASA/Goddard Space Flight Center Scientific Visualization Studio, 달의 뒷면 NASA/GSFC/Arizona State University, 태양과 지구와 달 Openkid, 월석 NASA, 월면차 NASA; 앞표지와 속표지 달 본문 4-5쪽과 동일; 뒤표지 달의 크레이터 본문 22-23쪽과 동일

*NASA: 미국항공우주국 Johnson Space Center 아폴로 계획을 이끌었습니다.

달 ─ 지구의 하나 뿐인 위성
최영준 지음

초판 발행일 2012년 4월 27일 | 재판 발행일 2021년 6월 15일
펴낸이 김덕균 | 펴낸곳 열린어린이
책임편집 편은정 | 편집 이지혜 윤나래 | 디자인 허민정 | 관리 권문혁
출판신고 제2014-000075호 | 주소 서울시 마포구 월드컵북로 5가길 17 3층 |
전화 02)326-1284 | 전송 02)325-9941

ⓒ 최영준, 열린어린이 2012

ISBN 978-89-90396-79-2 74440
ISBN 978-89-90396-73-0 (세트)

값 12,000원

이 책은 저작권법에 따라 보호받는 저작물이므로 무단 전제와 복제를 금하여,
이 책의 내용의 전부 또는 일부를 재사용하려면 반드시 열린어린이의 서면 동의를 받아야 합니다.